Iß und trink und liebe

Ein Kochbuch von Kathrin Otterbach

Iß und trink und liebe

Ein Kochbuch von Kathrin Otterbach

FALKEN

1 Radicchiosalat mit Wildkräutern
2 Eichblattsalat mit Räucherforelle
3 Feine Salatsuppe
4 Spargelsuppe Rosé
5 Avocado-suppe

Vorspiele

6 Spinatsalat mit Pilzen und Kirschtomaten
7 Gefüllte Tomaten
8 Sesampfann-kuchen mit Champignons
9 Forelle mit Mandeln und Limone
10 Obstsalat mit Himbeersauce
11 Gebackener Mandelreis
12 Fischsuppe vom Mittelmeer
13 Butternudeln mit Lachs und Mozzarella
14 Pilzrisotto
15 Würziger Heringssalat
16 Scampi mit Austernsauce
17 Kaviar-häppchen

1 Radicchiosalat mit Wildkräutern

Zutaten:

1 Kopf Radicchio
100 g Wildkräuter (Löwenzahn, Sauerampfer, Brennessel, Brunnenkresse)
125 g Emmentaler
1 roter Apfel
1 EL Zitronensaft
5 EL Weizenkeimlinge
2 frische Eier
1 EL mittelscharfer Senf
2 EL Apfelessig
4 EL kaltgepreßtes Maiskeimöl
3 EL Crème fraîche
2 TL flüssiger Honig
½ Knoblauchzehe
wenig Meersalz, weißer Pfeffer

Zubereitung:

Den Radicchio in mundgerechte Stücke teilen, die Wildkräuter kleinzupfen.
Den Emmentaler in schmale Streifen schneiden. Den Apfel vierteln, entkernen und die Viertel in dünne Scheiben schneiden. Mit Zitronensaft beträufeln und alles auf 2 Tellern anrichten. Die Weizenkeimlinge kalt abspülen, trockenschwenken und in die Mitte der Teller geben. Die Eier trennen.
Den Senf mit dem Essig und den Eigelben verquirlen. Das Öl tropfenweise einrieseln lassen. Die Crème fraîche und den Honig hineinrühren. Den Knoblauch durch die Presse dazudrücken.

Die Sauce mit Salz und Pfeffer abschmecken und über den fertig angerichteten Salat geben.

2 Eichblattsalat mit Räucherforelle

Zutaten:

einige Blätter Eichblattsalat
2 Bund Rauke
½ Honigmelone
2 EL Zitronensaft
2 EL Öl
Salz
1 Kästchen gehackte Kresse
80 g Kefir
3 TL Sahnemeerrettich
weißer Pfeffer
4 geräucherte Forellenfilets, à ca. 50 g

Zubereitung:

Den gewaschenen Eichblattsalat zerpflücken, die Rauke kleinschneiden.
Die Melone halbieren, entkernen und aus dem Fruchtfleisch mit einem Kugelausstecher Kugeln ausstechen.
Aus Zitronensaft, Öl, Salz und der Hälfte der Kresse ein Dressing zubereiten. Eichblattsalat, Rauke und Melonenkugeln in einer Schüssel mit dem Dressing vermengen. Den Kefir mit dem Sahnemeerrettich glattrühren und die Sauce mit Salz und Pfeffer abschmecken. Die Forellenfilets in schmale Streifen schneiden und diese auf dem Salat verteilen.

Den Salat mit der Kefir-Meerrettich-Sauce übergießen und mit der restlichen Kresse bestreuen.

… Es klingelt.
Für einen Moment setzt ihr Herzschlag aus, dann jagt ihr die Röte ins Gesicht. Sicherlich geht alles schief - sie drückt auf, öffnet die Wohnungstür einen Spalt und bleibt dahinter stehen.
Das Treppenlicht geht an, sie hört seine Schritte, leichtfüßig, schnell, männlich. Ihr Puls hämmert, das Blut rauscht in ihren Ohren. …

Gaby Hauptmann

Zutaten:

1 EL Butter oder ungehärtete Pflanzenmargarine
1/2 Zwiebel
1/2 Kopfsalat
1/4 l Gemüsebrühe
Meersalz
schwarzer Pfeffer
1 Prise Muskat
1/2 Tasse süße Sahne
Essigwasser
2 frische Eier
1 EL feingehackter Kerbel

3 Feine Salatsuppe

Zubereitung:

Die Butter oder Margarine in einem Topf erhitzen. Die Zwiebel fein hacken und darin glasig dünsten. Den gewaschenen Kopfsalat zerpflücken und dazugeben. Mit der Gemüsebrühe auffüllen und im Mixer oder mit dem Pürierstab aufmixen. In einem Topf nochmals erhitzen, mit Salz, Pfeffer und Muskat abschmecken und mit der Sahne verfeinern. Die Eier im Essigwasser pochieren.

Die Suppe anrichten, je ein pochiertes Ei darauf setzen und mit dem Kerbel bestreuen.

Zutaten:

250 g Spargelspitzen
Salz
$1/2$ kleine Schalottenzwiebel
$1/2$ EL Krebs- oder Hummerbutter
100 g süße Sahne
$1/2$ frisches Eigelb
25 g Crème fraîche
Pfeffer
150 g ausgelöste Shrimps

4 Spargelsuppe Rosé

Zubereitung:

Die Spargelspitzen in leicht gesalzenem Wasser garen. Nun die Schalottenzwiebel schälen, fein schneiden und mit der Krebs- oder Hummerbutter anschwitzen, mit $3/8$ l Spargelkochwasser auffüllen und aufkochen. 75 g Sahne steif schlagen und mit dem Eigelb verrühren. Die restliche Sahne mit der Crème fraîche in die Suppe geben, salzen und pfeffern. Nun die Suppe mit dem Sahne-Eigelb-Gemisch unter Rühren aufwallen lassen und die Shrimps darin erhitzen.

Die Suppe zusammen mit den Spargelspitzen anrichten.

Zutaten:

1 kleine reife Avocado
$1/2$ gehackte Knoblauchzehe
1 EL gehackte Schalotten
$1/2$ EL Butter
50 ml Weißwein
400 ml Gemüsebrühe
50 g süße Sahne
Meersalz
Honig
weißer Pfeffer
20 ml Noilly Prat
(französischer Wermuthwein)
1 Tomate

5 Avocadosuppe

Zubereitung:

Die Avocado schälen, halbieren und entkernen. Das Fruchtfleisch würfeln. Knoblauch und Schalotten mit Butter in einem Topf kurz anschwitzen. Mit dem Weißwein ablöschen, die Gemüsebrühe hinzugeben und das Ganze 5 Minuten kochen lassen. Die Sahne darunterrühren, mit Salz, Honig und Pfeffer würzen und mit dem Noilly Prat verfeinern. Die Tomate überbrühen, enthäuten, entkernen und in kleine Würfel schneiden. Die Suppe mit dem Mixstab schaumig pürieren. Zwei Viertel der Avocadowürfel dazugeben und alles nochmals pürieren. Die Suppe erhitzen, aber nicht mehr kochen lassen.

Die Tomaten- mit den Avocadowürfeln in die Suppe geben und sofort servieren.

Schön langsam erhitzen...

Zutaten:

100 g rote Johannisbeeren
100 g Erdbeeren
40 g Puderzucker
100 g Kirschen
1 großer reifer Pfirsich
Saft von 1/3 Zitrone
150 g Himbeeren
2 cl Cointreau

10 Obstsalat mit Himbeersauce

Zubereitung:

Die Johannisbeeren von den Rispen streifen und in eine Schüssel geben. Die Erdbeeren vierteln und dazugeben. Die Beeren mit 30 g Puderzucker vermischen und etwas ziehen lassen. Die Kirschen entsteinen. Den Pfirsich über Kreuz einritzen, kurz in kochendes Wasser legen, enthäuten, entkernen und das Fruchtfleisch in Spalten schneiden. Diese mit der Hälfte des Zitronensafts beträufeln und zusammen mit den Kirschen zu den Beeren geben. Die Himbeeren pürieren und das Püree durch ein Haarsieb streichen. Mit restlichem Zitronensaft, Puderzucker und Cointreau verrühren.

Den Obstsalat zusammen mit der Himbeersauce servieren.

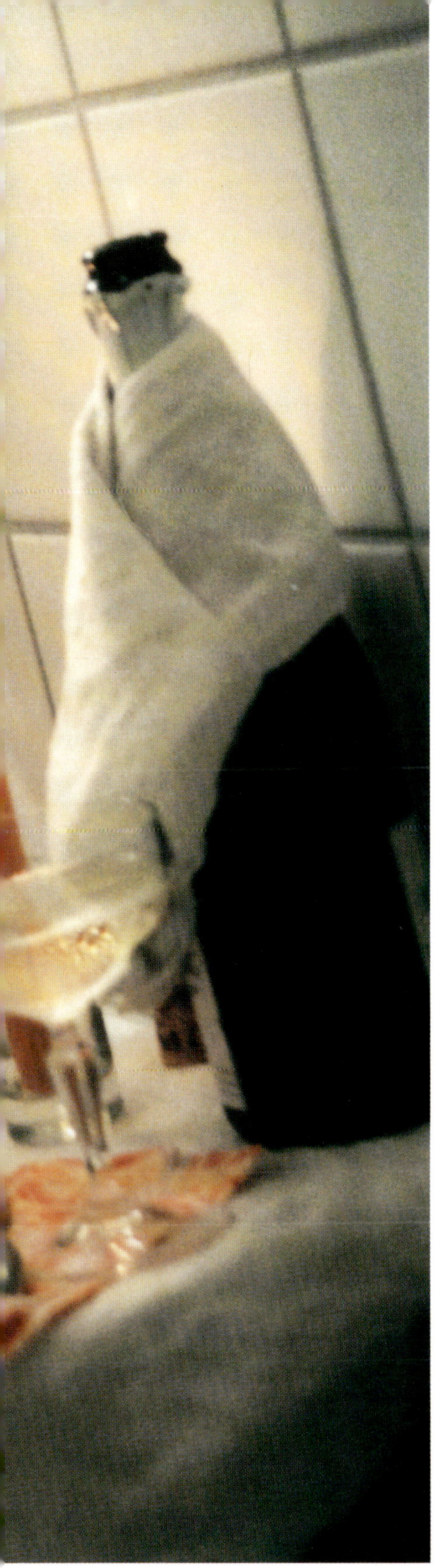

… Das Mädchen gefiel
mir, …
jedesmal auf´s Neue,
ihre Freude am
Salat, ihre
kinderhafte Art,
Brötchen zu
verschlingen,
ihre Neugierde,
sie kaute Brötchen
um Brötchen und
blickte ringsherum,
ihre festliche
Begeisterung vor
einem Hors d'œuvre,
ihr Übermut-
Wir rupften unsere
Artischocken,
tauchten Blatt für
Blatt in die
Mayonnaise und
zogen's durch
unsere Zähne,
**Blatt
um Blatt...**

Max Frisch

Blatt für Blatt

Blatt für Blatt
Blatt für Blatt
Blatt für Blatt

Zutaten:

2 EL Öl
1 feingehackte Schalotte
1 gehackte Knoblauchzehe
1 mit der Gabel durchgerührtes Ei
50 g gehackte Champignons
300 g bereits körnig gekochter Reis
(= 110 g roher Reis)
75 g gehackte Mandeln
1 EL helle Sojasauce
$^{1}/_{2}$ TL gehackte Mandeln

11 Gebackener Mandelreis

Zubereitung:

Die Schalotten und den Knoblauch 15 Sekunden in 2 EL Öl anbraten und herausnehmen. Die Eimasse hineingeben und während des Bratens vorsichtig wenden, herausnehmen und warm stellen. Die Champignons in 1 EL Öl unter häufigem Wenden garen. Reis und Mandeln dann erhitzen. Die Schalotten, die Eimasse und die Sojasauce hinzugeben und noch 1 Minute gut durchkochen lassen.

Den Mandelreis auf 2 Tellern anrichten und mit den gehackten Mandeln bestreuen.

Zutaten:

ca. 600 g Mittelmeerfische
(z.B. 1 Rotbarbe, 1 Merlan und
1 Drachenkopf)
75 g Lauch, Karotten und Sellerie, in Streifen
0,5 g Safranfäden
2 EL Olivenöl
400 ml Fischfond
Salz
weißer Pfeffer
einige Tropfen Pernod

12 Fischsuppe vom Mittelmeer

Zubereitung:

Die Fische filetieren, kalt abspülen und auf ein Küchentuch legen. Die Gemüsestreifen und die Safranfäden im Olivenöl andünsten und mit Fischfond auffüllen. Einmal aufkochen lassen und mit Salz und Pfeffer abschmecken. Die Fischfilets in die Suppe geben und etwa 5 Minuten ziehen lassen. Mit etwas Pernod aromatisieren. Die Suppenteller vorwärmen.

Darin je ein halbes Filet von jeder Sorte anrichten und die Suppe und das Gemüse dazugeben.

13 Butternudeln mit Lachs und Mozzarella

Zutaten:

125 g Bandnudeln
Salz
100 g Lachsfilet
75 g Mozzarella
1 EL Olivenöl
1 Tomate, entkernt, in Würfeln
einige Basilikumblätter, in Streifen
weißer Pfeffer
2 EL Crème fraîche

Zubereitung:

Die Bandnudeln in Salzwasser bißfest kochen. Den Backofen auf 250°C vorheizen. Das Lachsfilet und den Mozzarella in Würfel schneiden. Die Nudeln in einem Sieb abtropfen lassen und in eine Schüssel geben. Den Lachs und den Mozzarella mit dem Öl, den Tomatenwürfeln und dem Basilikum unter die heißen Nudeln mischen und alles mit Salz und Pfeffer würzen. Die Masse in eine Auflaufform füllen, mit der Crème fraîche überziehen und im Backofen etwa 1½ Minuten überbacken.

Das Gericht aus dem Ofen nehmen und vor dem Servieren etwas abkühlen lassen.

14 Pilzrisotto

Zutaten:

150 g gemischte Pilze,
(z.B. Pfifferlinge, Steinpilze, Champignons und Austernpilze)
½ Bund Petersilie
1 Schalotte
½ Knoblauchzehe
20 g Butter
100 g Risottoreis
50 ml Weißwein
200 ml Geflügelfond
25 g frisch geriebener Parmesan
1 EL Olivenöl
eine Prise Meersalz
weißer Pfeffer
1 Prise frisch geriebene Muskatnuß

Zubereitung:

Die Pilze putzen, kurz waschen, trockentupfen und die großen in Würfel schneiden. Die Petersilie waschen, trockentupfen, die Blättchen von den Stielen zupfen und fein hacken. Die Schalotten sowie den Knoblauch schälen, fein hacken und in der heißen Butter in einem Topf andünsten. Den Reis hinzufügen und kurz mitdünsten. Das Ganze mit Weißwein ablöschen, den Geflügelfond hinzufügen und alles etwa 12 Minuten unter ständigem Rühren schwach kochen lassen. Danach den Parmesan hinzufügen und den Topf von der Herdplatte ziehen. Das Öl in einem Topf erhitzen und die Pilze darin etwa 3 Minuten dünsten. Sie unter das Risotto geben und das Ganze mit Salz, Pfeffer sowie mit Muskatnuß pikant abschmecken.

Auf Tellern anrichten und mit Petersilie bestreuen.

15 Würziger Heringssalat

Zutaten:

1 kleine rote Bete, 200 g, küchenfertig
4 gleich große Kartoffeln
1 Zwiebel
1 mürber Apfel
8 Walnußkerne
4 Matjesfilets
125 g süße Sahne
100 g Sahnedickmilch
1 EL kaltgepreßtes Sonnenblumenöl
1 EL Weißweinessig
1 TL Zucker
2 EL frisch gehackte Petersilie

Zubereitung:

Die rote Bete und die Kartoffeln in wenig Wasser in 20 bis 25 Minuten garen. Abkühlen lassen und in Würfel schneiden. Die Zwiebel fein würfeln. Den Apfel schälen, vierteln, das Kerngehäuse entfernen und das Fruchtfleisch in schmale Spalten schneiden. Die Nüsse grob hacken und die Matjesfilets in feine Streifen schneiden. Alle vorbereiteten Zutaten mischen. Die saure Sahne, die Dickmilch, das Sonnenblumenöl, den Essig und den Zucker verrühren und unter den Heringssalat mischen. Den Salat gut durchziehen lassen.

Vor dem Servieren mit Petersilie bestreuen.

Greife wacker nach der Sünde,

aus der Sünde wächst Genuß.

Ach, Du gleichest einem Kinde, dem man alles zeigen muß.

Frank Wedekind

Zutaten:

500 g gekochte Scampi
2 EL Erdnußöl
1 Knoblauchzehe
1 Msp. Ingwerpulver
4 Frühlingszwiebeln
1 kleiner Kopf Chinakohl
300 ml Geflügelbrühe
3 EL Austernsauce
75 ml Sherry
Salz
Szetschuanpfeffer
Zucker
Glutamat
1–2 EL Stärkemehl
2 EL gehackter Schnittlauch

16 Scampi mit Austernsauce

Zubereitung:

Die Scampi auslösen. Das Erdnußöl in einer Pfanne erhitzen, die Scampi anbraten. Die Knoblauchzehe fein hacken und mit dem Ingwer dazugeben. Die Frühlingszwiebeln kleinschneiden und kurz mitschwitzen. Den Chinakohl in mundgerechte Stücke schneiden, zu den Scampi geben und kurz mitschwitzen. Geflügelbrühe, Austernsauce und Sherry angießen. Mit Salz, Pfeffer, Zucker und Glutamat abschmecken und mit Stärkemehl binden.

Das Gericht mit dem Schnittlauch bestreuen und auf 2 Tellern anrichten.

Zutaten:

1 EL Butter
12 dünne Baguettescheiben
1 kleine Räucherforelle, 150 g
$2\frac{1}{2}$ EL Crème double
etwas abgeriebene Schale von
$\frac{1}{2}$ unbehandelten Zitrone
weißer Pfeffer
je 25 g Forellenkaviar, Ketakaviar und Belugakaviar

17 Kaviarhäppchen

Zubereitung:

Die Butter in einer großen Pfanne zergehen lassen und die Brotscheiben darin von beiden Seiten goldbraun rösten, anschließend abkühlen lassen. Die Räucherforelle häuten, das Fischfleisch von den Gräten lösen und zusammen mit der Crème double glattpürieren. Die Crème mit Zitronenschale und Pfeffer abschmecken.

Die Brotscheiben gleichmäßig mit der Forellencreme bestreichen und die 3 verschiedenen Kaviarsorten dekorativ darauf verteilen.

18 Hasenrückenfilets mit Kapern
19 Lammrückenfilet mit Pilzgemüse
20 Ente mit Ingwer
21 Geschmorter Lachs
22 Zitronenzander
23 Hirschfilets in Madeira-Orangen-Sauce

Höhepunkte

24 Aal im Sud
25 Gedünsteter Seebarsch in Sojasauce
26 Gebratener Seehecht mit Mangosauce
27 Lachs mit Limettenbutter
28 Krabben mit Frühlingszwiebeln
29 Schweinelendchen mit Äpfeln
30 Kaninchenkeulen in Safransauce
31 Saltimbocca Römische Art
32 Entrecôte in Senfsauce
33 Hähnchenbrust mit grünem Pfeffer
34 Spaghetti mit Venusmuscheln

18 Hasenrückenfilets mit Kapern

Zutaten:

2 Hasenrückenfilets
1 EL Butterschmalz
50 g Suppengrün
1 Lorbeerblatt
1 Prise Wacholderbeerpulver
1 Prise Thymian
2 EL Rotwein
$2\frac{1}{2}$ EL Wildfond
Salz, schwarzer Pfeffer
1 EL Kapern aus dem Glas

Zubereitung:

Die Filets in heißem Butterschmalz kräftig anbraten, dann aus der Pfanne nehmen und warm stellen. Den Backofen auf 170°C vorheizen. Das Suppengrün fein hacken, zusammen mit Gewürzen, Kräutern, Rotwein und Wildfond in das Bratfett geben und unter Rühren etwa 5 Minuten schmoren lassen. Falls erforderlich, etwas Wasser dazugeben. Die Filets salzen, pfeffern und in eine Kasserolle legen. Das Gemüsegemisch dazugeben. Die Kasserolle in den Ofen schieben und die Filets 5 bis 6 Minuten schmoren lassen. Das Fleisch in Scheiben schneiden, auf eine heiße Platte legen und das Gemüsegemisch darauf verteilen.

Das Ganze mit Kapern belegen und sofort servieren.

… Ich habe mich behaglich hingestreckt
und habe keinen blassen Schimmer vom Draußen mehr. Die liebe Zunge
schmeckt das Essen schon, das in der Kupferpfanne noch schmort, gewürzt
von Majoran und von Salbei. … Susanne äugt durch den Spalt der Tür.
Ihr schlanker Hals liegt frei und trägt so stolz Gesicht und blondes Haar.
Miteins stößt sie die Türe ganz zurück und tanzt herzu und läßt die
Zähne blitzen. Es dauert nur ein wenig, bis wir wie ein Paar Verlobte
da vor vollen Schüsseln sitzen … und ich ihr erst erklären muß
… dies Zufalls-Glück.

Jean Arthur Rimbaud

Zutaten:

150 g Austernpilze
150 g frische Pfifferlinge
2 Lauchzwiebeln mit Grün
300 g Lammrückenfilet
2 EL Butterschmalz
Salz
schwarzer Pfeffer
1 Msp. Rosmarinnadeln
2 EL Sherry-Essig
120 g süße Sahne

19 Lammrückenfilet mit Pilzgemüse

Zubereitung:

Die Austernpilze zerkleinern, größere Pfifferlinge ebenfalls. Die Lauchzwiebeln in dünne Ringe schneiden. Das Fleisch im heißen Schmalz etwa 8 Minuten rundum braten. Dann salzen, pfeffern und warm stellen. Die Pilze und Lauchzwiebeln im Bratfett andünsten. Rosmarin und Essig zufügen und alles etwa 10 Minuten garen. Die Sahne angießen, mit Salz und Pfeffer würzen, umrühren und etwas einkochen lassen.

Das Fleisch auf 2 Tellern anrichten und das fertige Pilzgemüse darübergeben.

... und welche Lust

sich mächtig voll zu mästen,
satt und mit Saft erfüllt
vom Hals bis zu den Zeh'n....

Carl Zuckmayer

20 Ente mit Ingwer

Zutaten:

250 g Entenbrustfilets
Salz
schwarzer Pfeffer
Ingwerpulver
½ kleine Ananas, ca. 500 g
150 g Bambussprossen aus der Dose
⅛ l Geflügelbrühe
2 EL süße Sahne
1–2 TL Stärkemehl
1–2 EL Sherry
25 g Mandelblättchen

Zubereitung:

Die Entenbrustfilets häuten. Das Fleisch mit Salz, Pfeffer und Ingwer würzen. Die Haut in schmale Streifen schneiden und knusprig ausbraten. Das Fleisch von jeder Seite etwa 7 Minuten braten. Beides warm stellen. Die Ananas in Stücke, die Bambussprossen in Streifen schneiden, kurz andünsten. Die Brühe und die Sahne hinzugießen. Mit der Speisestärke binden. Das Entenfleisch in Scheiben schneiden, untermischen, mit Ingwer, Salz, Pfeffer und Sherry abschmecken. Die Mandelblättchen ohne Fett rösten.

Die Mandelblättchen zusammen mit der Entenbrust über das Gericht streuen und servieren.

21 Geschmorter Lachs

Zutaten:

500 g Lachsfilet
Öl zum Ausschwenken und Braten
150 g Frühlingszwiebeln
2 gehackte Knoblauchzehen
3 EL Reiswein
2 EL brauner Zucker
1 EL Tomatenmark
Salz
weißer Pfeffer
1½ EL karamelisierter Zucker
4 EL Sojasauce
240 ml Fischfond
3 TL Stärkemehl
2 TL Walnußöl

Zubereitung:

Das Lachsfilet in heißem Öl 5 Minuten fritieren. Frühlingszwiebeln in 3 Zentimeter lange Stücke schneiden. Den Wok erhitzen und zweimal mit Öl ausschwenken. In 6 Eßlöffeln heißem Öl den Knoblauch kurz anbraten. Dann Reiswein, Zucker, Tomatenmark, Pfeffer, Salz, karamelisierten Zucker, Sojasauce und den fritierten Fisch hineingeben und mit dem Fischfond 3 Minuten auf starker Flamme, 10 bis 15 Minuten auf kleiner Flamme schmoren lassen. Die Sauce mit dem Stärkemehl andicken. Die Frühlingszwiebeln unterheben und das Ganze mit Walnußöl beträufeln.

Anschließend alles auf 2 Tellern anrichten und servieren.

22 Zitronenzander

Zutaten:

2 Zanderfilets, à 200 g
Saft von 1 Zitrone
Salz
weißer Pfeffer
100 g Mehl
1 kleines Ei, verschlagen
100 g Semmelbrösel
½ EL abgeriebene Schale einer unbehandelten Zitrone
2 EL Zitronenmelisse, gehackt
2 unbehandelte Zitronen
Kräutermayonnaise

Zubereitung:

Die Fischfilets mit Zitronensaft beträufeln und 10 Minuten ziehen lassen. Salzen, pfeffern, in Mehl und Ei wenden. Die Semmelbrösel mit der Zitronenschale und der Zitronenmelisse mischen, und die Zanderfilets darin panieren. Die zwei Zanderfilets im schwimmenden Fett 10 Minuten goldgelb ausbacken. Anschließend herausnehmen, auf 2 Tellern anrichten und mit Zitronenscheiben garnieren.

Dazu die Mayonnaise servieren.

Schön im Regen,
schöner beim Wein,
am schönsten
im Zwielicht.
Wenn ihre Stimme,
beinahe glaubhaft
Süßholz zwitschert
und ich soll
es fressen, während
die Kerze fackelt
in ihren Augen.
Kerzen, Kerzen,
ich seh bloß
erschöpfte Kellner
Neon, Fliegen,
Zigarettenkippen.
Sag mir
die Liebe ohne
Dunst
und Zauber.

Christoph Meckel

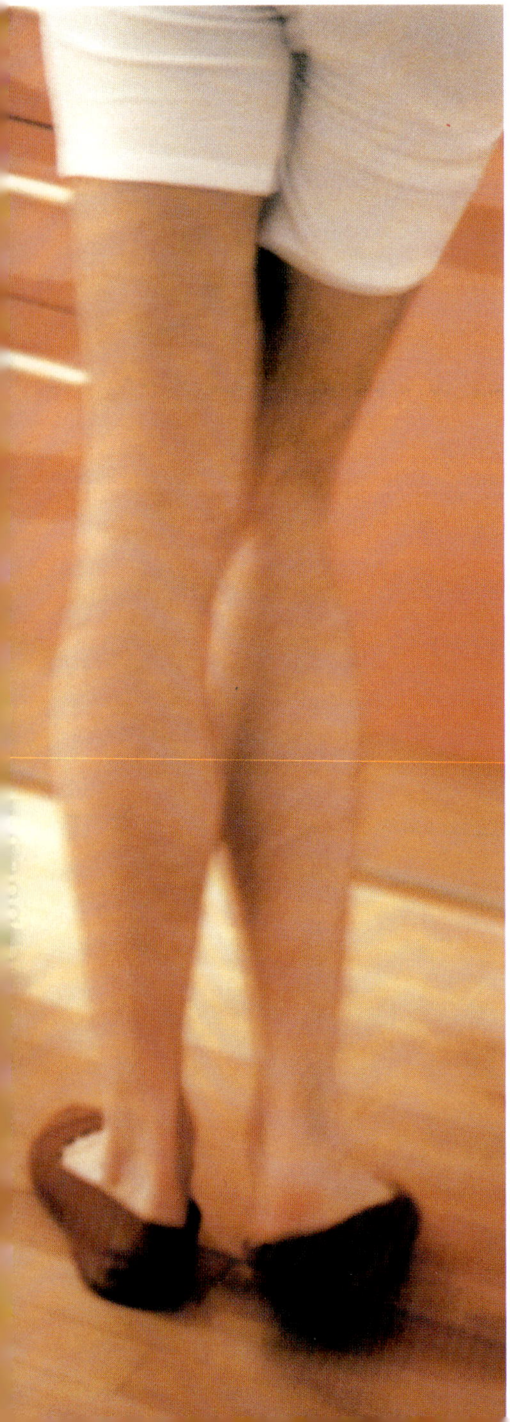

23 Hirschfilets in Madeira-Orangen-Sauce

Zutaten:

4 Hirschfiletscheiben, à ca. 80 g
30 g fette Speckstreifen
Salz
weißer Pfeffer
2 EL Butterschmalz
½ TL Mehl
1½ EL Madeira
1½ EL frischgepreßter Orangensaft

Zubereitung:

Die Filets mit Speckstreifen spicken und mit Salz und Pfeffer einreiben. Das Butterschmalz in einer Pfanne stark erhitzen und das Fleisch darin von jeder Seite 1 Minute scharf anbraten. Die Filets bei mittlerer Hitze 2 bis 3 Minuten weiterbraten und dann warm stellen. Den Bratensatz einkochen lassen, mit Mehl bestäuben, mit Madeira und Orangensaft ablöschen und einmal aufkochen lassen.

Die Filets auf 2 Tellern anrichten und die Sauce darübergeben.

24 Aal im Sud

Zutaten:

1 kleiner Aal, ca. 700 g
(gehäutet und ausgenommen)
½ Zwiebel
½ Karotte
¼ kleiner Knollensellerie
¼ Lauchstange
1 Lorbeerblatt
100 ml Weißwein
eine Prise Meersalz, weißer Pfeffer
½ Schalotte
½ Eßlöffel Butter
150 g Crème double
½ Bund Dill
½ TL Senf
4 Dillsträußchen

Zubereitung:

Vom Aal den Kopf und den Schwanz abschneiden, den Körper in 4 Stücke schneiden. Die Zwiebel, die Karotte und den Sellerie schälen und in etwa 2 mm dünne und 4 cm lange Streifen schneiden. Den Lauch putzen, waschen und in Streifen schneiden. Das Gemüse, das Lorbeerblatt und den Weißwein in einen Topf geben und mit 2 l Wasser auffüllen. Den Sud aufkochen, Meersalz und Pfeffer dazugeben und die Aalstücke darin bei geringer Hitzezufuhr etwa 10 Minuten ziehen lassen. Die Schalotte schälen, fein hacken und in der Butter andünsten. 400 ml vom Aalfond dazugeben und zu ⅓ einkochen lassen. Die Crème double dazugeben und die Sauce etwa 3 Minuten kochen lassen. Den Dill waschen, abtrocknen, von den groben Stielen zupfen und fein schneiden. Den Senf und den Dill in die Sauce rühren und diese mit Meersalz und Pfeffer abschmecken. Den Aal mit dem Gemüse auf 2 Tellern anrichten und mit den Dillsträußchen garnieren. Die Sauce darumgießen.

Zutaten:

3 getrocknete Tongupilze
(auch Shiitake genannt)
400 g Seebarsch (ersatzweise Kabeljau oder Rotbarsch)
50 ml chinesische Sojasauce
1/2 EL Zucker
15 g fetter, geräucherter Speck
1–2 Frühlingszwiebeln

25 Gedünsteter Seebarsch in Sojasauce

Zubereitung:

Die Tongupilze in lauwarmem Wasser etwa 20 Minuten quellen lassen. Den Fisch in einen länglichen Topf legen. Die Pilze abtropfen lassen, die Stiele entfernen und die Pilzhüte in schmale Streifen schneiden. Die Sojasauce mit dem Zucker verrühren. Den Speck in schmale Streifen schneiden, die Frühlingszwiebeln in etwa 1 cm dicke Stücke schneiden. Die Soja-Zucker-Mischung über den Fisch gießen. Speck, Frühlingszwiebeln und Pilze darüber verteilen. Den Topf verschließen und den Fisch bei milder Hitze etwa 20 Minuten dünsten, dabei einmal wenden. Eventuell etwas Wasser angießen.

Alles auf 2 Tellern verteilen und servieren.

Zutaten:

1 noch unreife grüne Mango
1/2 kleine Zwiebel
1 frische rote Chilischote
2 EL Fischfond
1–2 EL Zucker
60 g getrocknete Kokosflocken
2 EL getrocknete Krabben/-paste
20 g Cashewnusse
1–2 kleine getrocknete Chilischoten
ca. 1 EL Mehl
je 1/2 TL Salz und Pfeffer
500 g Seehecht (400 g in Scheiben)
reichlich Öl zum Braten
einige Salatblätter, 2 Tomaten,
1 Stück Salatgurke

26 Gebratener Seehecht mit Mangosauce

Zubereitung:

Das Mangofruchtfleisch fein hacken, die Zwiebel fein würfeln und die entkernte Chilischote in dünne Ringe schneiden. Gut mischen, mit Fischfond und Zucker abschmecken. Die gerösteten Kokosflocken mit der Mango mischen und die Krabben(-paste) darunterrühren. Die ganzen Nüsse ebenfalls dazugeben. Die getrocknete Chilischote zerreiben und über die Sauce streuen. Mehl, Salz und Pfeffer mischen, mit wenig kaltem Wasser zu einem klebrigen Teig verrühren. Den Fisch damit bestreichen, in reichlich Öl 12 bis 15 Minuten knusprig braten.

Den gebratenen Fisch auf Salatblättern anrichten, mit Gurkenscheiben und Tomatenachteln umlegen. Die Sauce dazu reichen.

nichts anbrennen lassen...

Zutaten:

60 g Butter
4 Limetten
1 EL gehackte Petersilie
$^1/_2$ TL Meersalz
Pfeffer
1 Prise Cayennepfeffer
2 Lachsfiletstücke ohne Haut, à 200 g
oder 2 Lachskoteletts, à 250 g
2 EL Olivenöl

27 Lachs mit Limettenbutter

Zubereitung:

Die Butter schaumig schlagen. Die Schale von 2 Limetten fein reiben. 3 Früchte auspressen. Den Saft von 2 Limetten und die Schale sowie die Petersilie mit der Butter glattrühren. Mit Salz, Pfeffer und Cayennepfeffer würzen. Die Lachsstücke mit Salz, Pfeffer und dem restlichen Limettensaft würzen. Dann auf beiden Seiten je 10 Minuten grillen. Falls Sie Lachskoteletts haben, die Mittelgräten nach dem Grillen entfernen. Die restliche Limette in Scheiben schneiden und die Lachsstücke damit garnieren.

Die Butter mit einem Spritzbeutel darauf spritzen und servieren.

Zutaten:

3–4 Frühlingszwiebeln
1 EL Öl
1 Scheibe Ingwer
350 g ausgelöste Krabben
1 EL Weißwein
2 EL Ketchup
$^1/_2$ TL Zucker
$^1/_2$ TL Sojasauce
1 TL Stärkemehl, mit Wasser angerührt
Salz
weißer Pfeffer
1 Tomate in Scheiben

28 Krabben mit Frühlingszwiebeln

Zubereitung:

Die Frühlingszwiebeln fein schneiden. Das Öl im Wok erhitzen und die Ingwerscheiben und die Frühlingszwiebeln darin dünsten. Die ausgelösten Krabben mit 1 Eßlöffel Weißwein dazugeben und alles etwa 2 Minuten dünsten lassen. Das Tomatenketchup mit dem Zucker, $^1/_2$ Eßlöffel Weißwein und der Sojasauce verrühren und über die Krabben geben. Eventuell noch etwas Wasser hinzufügen. Alles etwa 5 Minuten kochen lassen. Die Speisestärke in die Sauce geben, aufkochen lassen.

Mit Salz und Pfeffer abschmecken und auf dünnen Tomatenscheiben anrichten.

G e n u g   i s t   n i c h t   g e n u g !

Das Herz bedarf des Überflusses,

genug kann nie und nimmermehr genügen!

Conrad Ferdinand Meyer

29 Schweinelendchen mit Äpfeln

Zutaten:

2 Schweinelendchen, à ca. 175 g
Salz
schwarzer Pfeffer
2 Äpfel
3 EL Öl
50 g süße Sahne
Saft von 1/4 Zitrone
1/4 Bund gehacktes Basilikum

Zubereitung:

Die Schweinelendchen mit Salz und Pfeffer würzen. Die Äpfel in Scheiben schneiden. Das Öl in einer Pfanne erhitzen und die Schweinelendchen bei kleiner Hitze von beiden Seiten braten. Die Schweinelendchen aus der Pfanne nehmen und warm stellen. Die Sahne, den Zitronensaft und das Basilikum in die Pfanne geben und alles gut verrühren. Die Apfelscheiben hinzufügen und kurz mitgaren lassen. Die Schweinelendchen nochmals in die Sauce geben und kurz erhitzen.

Das Fleisch auf Tellern anrichten und zusammen mit der Sauce servieren.

30 Kaninchenkeulen in Safransauce

Zutaten:

2 Kaninchenkeulen, à ca. 220 g
1/4 TL Salz
schwarzer Pfeffer
1 1/2 EL Olivenöl
2 EL gehackte Schalotten
1/2 gehackte Knoblauchzehe
50 ml trockener Weißwein
15 Safranfäden
200 g Zucchini
110 ml heller Kalbsfond
100 g Crème fraîche

Zubereitung:

Den Backofen auf 200°C vorheizen. Die Kaninchenkeulen mit Salz und schwarzem Pfeffer würzen. Das Olivenöl in einer feuerfesten Pfanne erhitzen, die Keulen auf allen Seiten darin anbraten und herausnehmen. Die Schalotten und den Knoblauch anschwitzen, mit dem Weißwein ablöschen und dann den Safran beigeben. Die Keulen wieder in die Pfanne geben und im Ofen 30 Minuten schmoren. Die Keulen herausnehmen und warm stellen. Die Zucchini in Scheiben schneiden in die Pfanne geben und alles mit dem Kalbsfond auffüllen. Die Flüssigkeit 10 Minuten einkochen, Crème fraîche beifügen und nochmals 5 Minuten kochen lassen. Mit Salz und Pfeffer nachwürzen.

Die Kaninchenkeulen mit der Sauce überziehen und servieren.

31 Saltimbocca Römische Art

Zutaten:

2 Kalbsschnitzel, etwa 1/2 cm dick
Salz
schwarzer Pfeffer
4 frische Salbeiblätter
4 dünne Scheiben Parmaschinken
2 EL Butterschmalz
3 EL Marsala-Wein

Zubereitung:

Die Schnitzel leicht salzen und pfeffern. Mit je 1 Salbeiblatt und 1 Scheibe Schinken belegen und der Länge nach zusammenklappen. Je 1 Salbeiblatt und 1 Scheibe Schinken auf die zusammengeklappten Schnitzel legen. Alles mit Küchengarn umwickeln. Das Butterschmalz erhitzen und die Schnitzel auf jeder Seite etwa 4 Minuten braten, bei Bedarf die Hitze reduzieren. Dann auf einer Platte warm stellen, das Garn entfernen. Den Bratensatz mit Marsala lösen und mit etwas Salz und Pfeffer abschmecken.

Die Schnitzel auf 2 Tellern anrichten und mit der Sauce überziehen.

Zutaten:

1 Entrecôte, ca. 400 g
schwarzer Pfeffer
1 EL Distel- oder Erdnußöl
3 EL Butter, Salz
50 ml trockener Weißwein
2 TL Dijonsenf
1 TL gehackter Estragon
1 Prise gemahlener Piment
$^1/_4$ gehackte Knoblauchzehe
2 EL süße Sahne
1 EL Crème double

32 Entrecôte in Senfsauce

Zubereitung:

Das Entrecôte abtupfen, die Fettschicht alle 2 cm bis zum Fleisch einschneiden. Das Fleisch reichlich pfeffern. Das Öl und knapp die Hälfte der Butter in einer Pfanne erhitzen. Das Fleisch von beiden Seiten scharf anbraten, dann leicht salzen und pro Seite etwa 5 Minuten bei milder Hitze braten. Herausnehmen und warm stellen. Den Bratensatz mit dem Wein loskochen, die restliche Butter hineingeben und die Sauce unter Rühren aufkochen lassen. Durch ein Sieb in einen Stieltopf gießen, Salz, Senf, Estragon, Piment und Knoblauch hinzufügen, das Ganze erhitzen, aber nicht kochen lassen. Die Sahne und die Crème double nach und nach in die Sauce rühren. Das Fleisch schräg in etwa 1 cm dicke Scheiben schneiden.

Die Scheiben anrichten und mit der Sauce überziehen.

... Die Beine suchten
unterm Tisch ein Bett.
Von Wänden grinste
schlechte Malerei.
Und da die Magd gewackelt kam,
als sei ihr Busen plötzlich
hochgedreht vom Fett und immer
kußbereit ihr Mund dem Gast:
auf bunten Tellern warmes Fleisch
lag mir doch näher,
als ins Bett zu gehn mit ihr.
Von Knoblauchduft gewürzt
und rosenzart
der Schinken auf dem Brot
mit Butter eingefaßt.
Und dann ein Bier,
den Schaum wie Eis im Bart.

Jean Arthur Rimbaud

Ein Mensch beim Essen
ist ein gut Gesicht,
wenn er nichts denkt und
nur die Kiefer mahlen,
die Zähne malmen
und die Blicke strahlen
von einem sonderbaren
Urweltlicht. …
Welch ein entzücktes
Spiel: zu hohen Festen
erlesner Bissen
Liebreiz zu erflehen.
Und welche Lust:
sich mächtig voll zu
mästen, satt und
mit Saft erfüllt vom
Hals bis zu den Zeh'n. …
Laß mich hier schweigen
von dem Blutgericht
geheimster Liebe
in verrauschten Zeiten.
Laßt mich nur essen,
dankbar und bescheiden-

**Ein Mensch
beim Essen ist ein
gut Gesicht.**

Carl Zuckmayer

Du bist mein Leibgericht

Leibgericht Leibgericht
Leibgericht
Leibgericht Leibgericht
Leibgericht

33 Hähnchenbrust mit grünem Pfeffer

Zutaten:

2 Hähnchenbrustfilets, à ca. 300 g
Salz
schwarzer Pfeffer
2 EL Öl
1 EL Kräuterbutter
1 feingehackte Zwiebel
1 TL grüne Pfefferkörner aus dem Glas
1 EL flüssiger Honig
Saft von 1/2 Zitrone
2 Zitronen
100 ml Sekt
150 ml Bratensauce
1 EL feingehackte Zitronenmelisse
1 TL Butter
1 TL Speisestärke

Zubereitung:

Die Hähnchenbrustfilets kalt abspülen, trockentupfen, salzen, pfeffern und im heißen Öl goldbraun braten. Dann herausnehmen und warm stellen. Die Kräuterbutter in die Pfanne geben und die Zwiebel darin glasig dünsten. Pfefferkörner, Honig und Zitronensaft hinzufügen und das Ganze aufkochen lassen. Die Zitronen schälen, filetieren und die Filets in die Sauce geben. Mit Sekt ablöschen und mit Bratensauce auffüllen. Die Zitronenmelisse unterziehen und mit Salz und Pfeffer abschmecken. Die Butter mit der Speisestärke verkneten und die Sauce damit binden.

Die fertige Sauce zusammen mit den Hähnchenbrustfilets anrichten.

34 Spaghetti mit Venusmuscheln

Zutaten:

200 g Spaghetti
2 EL Butter
100 g frische Pfifferlinge oder Champignons
1 kleine Zwiebel
1 EL Butter
100 g Venusmuschelfleisch
150 ml trockener Weißwein
50 g süße Sahne
1 Fleischtomate
Salz, weißer Pfeffer
einige Blätter Basilikum

Zubereitung:

Die Spaghetti bißfest kochen, in einem Sieb abtropfen lassen und dann in etwas Butter schwenken. Während die Nudeln kochen, die Pilze kleinschneiden, die Zwiebel fein hacken. Beides in der Butter ca. 10 Minuten anschwitzen und die Venusmuscheln hinzufügen. Den Weißwein und die Sahne angießen und die Sauce leicht einkochen lassen. Die Tomate enthäuten, fein würfeln und in die Sauce geben. Mit Salz und Pfeffer abschmecken.

Die Nudeln mit der Sauce servieren und mit Basilikumblättchen garnieren.

35 Kirsch-granité
36 Kirschen-michel
37 Crème Caramel
38 Zabaione mit Kaffeelikör
39 Weinschaum mit Aprikoseneis

Ausklänge

40 Melonen-sorbet
41 Pfirsich Melba
42 Pfirsich-törtchen
43 Kumquats in Karamelsauce
44 Exotischer Fruchtsalat
45 Feigensalat
46 Mousse au Chocolat Torte
47 Aprikosen-waffeln
48 Granité vom Granatapfel
49 Flambierte Früchtespieße
50 Feigen auf Zitronen-joghurt
51 Himbeeren mit Mandelüberzug

35 Kirsch-granité

Zutaten:

150 g Sauerkirschen
15 cl Rotwein
10 cl Läuterzucker
$^1/_2$ Zimtstange
Saft einer Orange
1 cl Kirschwasser
125 g süße Sahne
Zimtpulver

Zubereitung:

Läuterzucker herstellen, indem Zucker und Wasser zu gleichen Teilen gemeinsam aufgekocht werden. Den Sirup abkühlen lassen. Die Kirschen entsteinen. Die Kerne mit dem Rotwein, dem Läuterzucker, der Zimtstange und dem Orangensaft aufkochen, dann abseihen. Die Kirschen in die Flüssigkeit geben, erhitzen und 3–5 Minuten kochen. Alles zusammen im Mixer pürieren, durch ein Haarsieb streichen, mit dem Kirschwasser aromatisieren, alles gut durchrühren. In den Tiefkühlschrank stellen und des öfteren durchrühren, bis sich Eiskristalle bilden.

Das Granité mit einem Löffel in vorgekühlten Gefäßen anrichten, mit der halb geschlagenen Sahne und dem Zimtpulver garnieren.

36 Kirschen-michel

Zutaten:

250 g Schattenmorellen
1 EL Rum
5 Scheiben Weizenvollkorntoast
$^1/_2$ TL Kardamompulver
$^1/_4$ l Vollmilch
Salz
1 Päckchen Vanillezucker
2–3 EL Ahornsirup
2 frische Eier
1 TL Butter für die Form
50 g Mandelsplitter
1 EL Puderzucker

Zubereitung:

Die Kirschen entsteinen, mit dem Rum beträufeln und zugedeckt etwa $^1/_2$ Stunde durchziehen lassen. Inzwischen die Toastscheiben in eine flache Schüssel legen. Die Milch mit wenig Salz, Vanillezucker, Kardamom, Sirup und Eiern verquirlen und über das Brot gießen. Das Ganze etwa $^1/_2$ Stunde zugedeckt ziehen lassen. Den Backofen auf 200°C vorheizen. Eine Auflaufform ausfetten und abwechselnd die Brotmasse, die Kirschen und die Mandelsplitter hineinschichten. Die übrige Eiermilch über den Auflauf gießen. Etwa 40 Minuten backen.

Anschließend etwas abkühlen lassen, dünn mit dem Puderzucker bestreuen und servieren.

Seit Du zurückgekommen bist, bin ich ein anderer.
Seit Tagen weiß ich kein Datum mehr aber ich weiß, es gibt wieder Kirschen. …
Seit Tagen warst Du nicht mehr in Deiner Wohnung, trägst dasselbe Kleid,
und jeder Tag mit Dir scheint nahtlos wie der erste. Seit Tagen fallen wir in
das zerwühlte Bett, finden ein paar verstreute Kirschen und küssen uns,
kaum wach, ihren traumhaften Geschmack von den Lippen. …

Ralf Rothmann

Zutaten:

4 Eigelb
2 Eier
1 Vanilleschote
100 g Zucker
$^1/_2$ l Vollmilch
5 Stück Würfelzucker

37 Crème Caramel

Zubereitung:

Die Eigelbe und Eier zusammen mit dem Zucker schaumig schlagen. Das Mark der Vanilleschoten herauskratzen, unter die Milch rühren und alles zu der Eimasse geben. Den Würfelzucker zusammen mit 1 bis 2 Eßlöffeln Wasser in einen Topf geben und bei schwacher Hitze karamelisieren lassen. Den Karamel auf dem Boden einer feuerfesten Form verteilen und die Eimasse darin einfüllen. Den Boden eines Topfes, der größer als die feuerfeste Form ist, mit Pergamentpapier auslegen und Wasser hineingießen. Die Schüssel mit der Eimasse in das Wasserbad stellen und so lange auf dem Herd erhitzen, bis das Wasser heiß ist (es darf aber nicht kochen). Die Crème im Wasserbad in den Ofen schieben und 80 bis 90 Minuten garen. Die Crème erkalten lassen und über Nacht in den Kühlschrank stellen.

Zum Servieren auf eine Platte stürzen.

Zutaten:

1 EL Kaffeepulver für türkischen Mokka
$^1/_8$ l kaltes Wasser
2 Eigelb
2 EL Zucker
4 EL Kaffeelikör
Kaffeepulver zum Garnieren

38 Zabaione mit Kaffeelikör

Zubereitung:

Das Kaffeepulver mit dem Wasser aufkochen, dreimal aufwallen lassen, dann mit 1 Eßlöffel kaltem Wasser abschrecken. Durch einen Papierfilter laufen lassen und abmessen. Sollte es mehr sein als 60 ml, muß die Flüssigkeit eingekocht werden; ist es weniger, gibt man Wasser dazu. Die Eigelbe in einer Schüssel mit dem Zucker verrühren, den heißen Kaffee vorsichtig unterrühren, über dem heißen Wasserbad aufschlagen, bis die Masse schaumig und fest ist. Mit dem Kaffeelikör abschmecken und nochmals aufschlagen.

In große Glaspokale füllen, mit dem Kaffeepulver bestreuen und noch warm servieren.

anrührend

rührend rührend rührend rührend rührend

39 Weinschaum mit Aprikoseneis

Zutaten:

2 frische Eigelb
5 EL Weißwein
1 TL Vanillezucker
2 EL Instant-Kaffee-Pulver
1 EL Maraschinolikör
5–6 EL geschlagene Sahne
Zucker nach Geschmack
2 große Kugeln Aprikoseneis
200 g frische gemischte Beeren
4 EL Mandelblättchen

Zubereitung:

Die Eigelbe in einer feuerfesten Schüssel mit Weißwein, Vanillezucker, Kaffeepulver und Maraschino verrühren. Die Schüssel in ein heißes Wasserbad stellen und die Masse schaumig rühren. Den Weinschaum abkühlen lassen und dann die Sahne darunterheben. Nach Geschmack zuckern. Die Crème auf zwei Dessertteller geben und jeweils in die Mitte eine Eiskugel setzen.

Die Beeren jeweils dazugeben und das Ganze mit Mandelblättchen bestreuen.

40 Melonensorbet

Zutaten:

1 sehr reife Honigmelone
$^1/_8$ l Wasser
$^1/_2$ EL Honig
60 g Zucker
einige Blätter Pfefferminze

Zubereitung:

Die Honigmelone halbieren. Das lauwarme Wasser mit Honig und Zucker aufkochen und auskühlen lassen. Die Kerne mit dem umgebenden Fruchtfleisch in die Zuckerlösung geben und im Kühlschrank etwa 1 Stunde ziehen lassen. Durch ein Sieb streichen, die Kerne wegwerfen. Das restliche Fruchtfleisch aus der Schale heben und mit dem Melonen-Zucker-Püree im Mixer pürieren, in ein flaches Gefäß füllen und gefrieren. Um zu große Eiskristalle zu vermeiden, mit einer Gabel alle 10 bis 15 Minuten durchrühren.

Das fertige Sorbet mit Pfefferminze garnieren.

Ich habe alles Obst
aus dem Eisschrank
gegessen
und mir ein Bein
gebrochen
weil ich in dem
Krankenhaus liegen
wollte in dem
Du Ärztin bist.
Du warst
so süß
und so kühl
als Du sagtest:
Schafft die
Pflaume rüber in
die Psychiatrie.“

Ralf Rothmann

Zutaten:

2 reife Pfirsiche
1/4 Vanilleschote
2 EL Zucker
ca. 1/8 l Wasser
125 g Himbeeren
1/2 Päckchen Vanillezucker
evtl. 1–2 EL Himbeergeist
4 kleine Kugeln Vanilleeis

41 Pfirsich Melba

Zubereitung:

Die Pfirsiche überbrühen und die Haut mit einem spitzen Messer abziehen. Die Früchte dann halbieren und entsteinen. Die Vanilleschote längs aufschlitzen und das Mark herauskratzen. Die Vanilleschote, das Vanillemark, den Zucker und etwa 1/8 l Wasser in einen flachen Topf geben und alles langsam erhitzen, bis der Zucker vollständig geschmolzen ist. Die Pfirsichhälften in den Zuckersirup legen und zugedeckt etwa 5 Minuten bei mittlerer Hitze dünsten. Die Früchte im Sirup abkühlen lassen. Inzwischen die Himbeeren waschen und verlesen. Einige Früchte zum Garnieren beiseite legen, die übrigen pürieren und durch ein feines Sieb streichen. Das Himbeerpüree mit dem Vanillezucker und nach Belieben mit dem Himbeergeist aromatisieren. Die Pfirsiche abtropfen lassen und auf 2 Teller setzen. Je 1 Eiskugel dazulegen und das Himbeerpüree angießen. Das Dessert mit den beiseite gelegten Himbeeren garnieren.

Zutaten:

125 g weiche Butter
3 kleine Eier
125 g Zucker
1 Prise Salz
175 g Mehl
500 g frische Pfirsiche
Puderzucker zum Bestäuben
20 Papierbackförmchen (10 cm Ø)

42 Pfirsichtörtchen

Zubereitung:

Die Butter in einer Schüssel schaumig rühren. 2 Eier trennen. 80 g Zucker, die Eigelbe und das Salz unter die Butter rühren. Das übrige Ei dazugeben und unterrühren. Den Backofen auf 180°C vorheizen. Das Mehl in die Schüssel sieben und gründlich unterrühren. Die Eiweiße zusammen mit dem restlichen Zucker steif schlagen. Ein Drittel des Eischnees unter den Teig rühren, den Rest mit einem Schneebesen unterziehen. Die Pfirsiche waschen, abtrocknen, halbieren, entsteinen und das Fruchtfleisch in Spalten schneiden. Den Teig auf die Papierförmchen verteilen und jeweils einige Fruchtspalten hineindrücken. Jeweils mit Puderzucker bestäuben. Die Förmchen auf ein Blech geben, dieses in den Ofen schieben und die Törtchen etwa 1/2 Stunde backen.

Die fertigen Törtchen etwas abkühlen lassen und servieren.

Zutaten:

1/2 EL Mohn
2 Kumquats (Zwergorangen)
5 EL Zucker
1 EL Rum
125 g süße Sahne

43 Kumquats in Karamelsauce

Zubereitung:

Den Mohn in einer Pfanne ohne Fettzugabe rösten. Die Kumquats halbieren. Den Zucker mit 1 Eßlöffel Wasser verrühren und beides zum Kochen bringen. So lange kochen lassen, bis sich der Zucker braun färbt, dabei aber nicht umrühren. Dann den Rum und die Hälfte der Sahne einrühren. Die restliche Sahne steif schlagen. Die Kumquats in die Karamelsauce geben und 1 bis 2 Minuten darin erwärmen.

Die Früchte zusammen mit der Sauce auf Desserttellern anrichten und mit Mohn bestreuen. Jede Portion mit einem Sahneklecks garnieren.

Wenn Pfirsiche Arme hätten, würden sie einander sicherlich halten in ihrem Pfirsichschlaf.
Und wenn Pfirsiche Füße hätten, würden sie, soviel ist sicher, einander stupsen mit ihren weichen Pfirsichfüßen.

Und wenn Pfirsiche könnten, würden sie so schlafen: den Kopf mit dem Grübchen an dem des anderen,

dicht an dicht, wie Du und ich.

Und schlafen und schlafen.

Sandra Cisneros

44 Exotischer Fruchtsalat

Zutaten:

1/2 rosa Grapefruit
1 Orange
1 Mango
1/2 kleine Honigmelone
1 Mangostane
1/2 Tamarillo
1/2 Kiwi
1 EL Maraschino oder weißen Rum
2 EL Läuterzucker
einige Blätter Pfefferminze

Zubereitung:

Den Läuterzucker herstellen, indem Zucker und Wasser zu gleichen Teilen gemeinsam aufgekocht werden. Den Sirup abkühlen lassen. Die Grapefruit und die Orangen schälen, die Filets herausschneiden und den Saft aus den zurückgebliebenen Scheidewänden in eine Schüssel pressen. Das Fruchtfleisch der Mango, Melone, Mangostane, Tamarillo und Kiwi jeweils je nach Größe der Frucht in kleine Würfel oder Scheiben schneiden. Den Maraschino oder den Rum zu den Zitrussäften geben und zusammen mit dem Läuterzucker verrühren. Die Pfefferminze waschen, trockentupfen, in Streifen schneiden und unter die Marinade rühren.

Die Früchte auf Tellern anrichten, mit der Marinade übergießen und kühlstellen und etwa 1/4 Stunde marinieren lassen. Dann servieren.

45 Feigensalat

Zutaten:

4 frische, dunkle Feigen
2 cl Cassis (Johannisbeerlikör)
3 cl trockener Weißwein
60 g Himbeeren
1/2 EL Puderzucker
1 reifer Pfirsich

Zubereitung:

Die Feigen von Stielansätzen und Böden befreien und vierteln. Den Cassis in einem Topf mit dem Weißwein verrühren. Die Feigen mit der Schalenseite nach unten in die Mischung legen. Das Ganze erhitzen und die Feigen bei schwacher Hitze etwa 10 Minuten dünsten. Die Himbeeren durch ein Haarsieb streichen und dann mit dem Puderzucker verrühren. Den Pfirsich über Kreuz einritzen, kurz in kochendes Wasser legen, enthäuten, entkernen und das Fruchtfleisch grob würfeln. Die Feigen aus dem Sud nehmen, abtropfen lassen und auf Tellern verteilen. Den Sud abkühlen lassen.
Den Pfirsich pürieren und dabei den Feigensud untermischen.

Die Feigen jeweils zur Hälfte mit Himbeer- und Pfirsichpüree umgießen und servieren.

ganz behutsam unterheben...

behutsam

Zutaten:

250 ml kalte Vollmilch
1 P. Mousse au Chocolat-Crèmepulver
250 g süße Sahne
1 P. Sahnesteif
1 große Dose Birnenhälften
1 dunkler Tortenboden
3 EL Puderzucker
1 EL Kakaopulver

46 Mousse au Chocolat Torte

Zubereitung:

Die Milch in eine hohe Rührschüssel geben. Crèmepulver hinzufügen und das Ganze 3 Minuten lang kräftig aufschlagen. Die Sahne zusammen mit Sahnesteif steifschlagen. Die Birnenhälften in etwa 1 cm große Würfel schneiden und auf einem Sieb abtropfen lassen. Den Saft auffangen. Den Tortenboden zweimal quer durchschneiden. Den ersten Boden in eine Springform (26 cm Ø) legen und mit etwas Birnensaft tränken. Die Schokocrème auf den ersten Boden geben, glattstreichen und die Birnen darauf verteilen. Den nächsten Boden auflegen, mit ein wenig Birnensaft tränken und die geschlagene Sahne darauf verteilen. Zum Schluß den letzten Boden darauflegen. Zuerst den Puderzucker, dann das Kakaopulver auf die Torte sieben. Das Ganze für wenigstens 40 Minuten kühl stellen.

... Alles dieses spricht Tod und Leben in den Mund. ...
Lest es einem Kind vom Angesicht, wenn es sie erschmeckt. Dies kommt von weit.
Wird euch langsam namenlos im Munde? Wo sonst Worte waren, fließen Funde,
aus dem Fruchtfleisch überrascht befreit. ... Diese Süße, die sich erst
verdichtet, um, im Schmecken leise aufgerichtet, klar zu werden, wach und
transparent, doppeldeutig, sonnig, erdig, hiesig-:
O Erfahrung, Fühlung, Freude, riesig!

Rainer Maria Rilke

... I c h l o c k e
mit roten Früchten, d´raus meine Lippen gemacht,

und bin
eine kleine
Speise
in einem Becher von Nacht.

Gertrud Kolmar

47 Aprikosenwaffeln

Zutaten:

75 g weiche Butter
2 frische Eier
2 EL Zucker
100 g Weizenmehl
1 TL Backpulver
100 g süße Sahne
40 g getrocknete Aprikosen
evtl. Fett für das Waffeleisen
etwas Puderzucker zum Bestäuben

Zubereitung:

Das Waffeleisen nach der Gerätebeschreibung aufheizen. Inzwischen die Butter zusammen mit den Eiern und dem Zucker gut cremig rühren. Das Mehl mit dem Backpulver mischen und zusammen mit der Sahne unter den Teig rühren. Die Aprikosen heiß abwaschen, trockentupfen, in sehr kleine Würfel schneiden und unter den Teig rühren. Das Waffeleisen eventuell einfetten. Ein Viertel des Teiges hineingeben und etwas verstreichen. Das Waffeleisen schließen und den Teig zu einer goldgelben Waffel backen. Die Waffel auf ein Kuchengitter legen und mit einem Küchenhandtuch bedecken. Nacheinander aus dem Teig noch weitere 3 Waffeln backen und sie bis zum Servieren unter dem Küchenhandtuch warm halten.

Noch warm mit Puderzucker bestäubt servieren.

48 Granité vom Granatapfel

Zutaten:

$2\frac{1}{2}$ Granatäpfel
3 EL Grenadine (Granatapfelsirup)
25 g Zucker
$\frac{1}{4}$ l kräftigen Rotwein
2 unbehandelte Limetten

Zubereitung:

Die Granatäpfel halbieren, die Samen mit den Fruchtschalen mit einem Löffel herausschaben und in einen Topf geben. Die Grenadine und den Zucker dazugeben und ein Viertel des Rotweins angießen. Die Flüssigkeit erhitzen und 4 bis 5 Minuten leicht köcheln lassen. Danach mit einem Pürierstab leicht durchmixen. Die Masse durch ein Sieb passieren, abkühlen lassen und in ein flaches Gefäß mit Rand gießen. Dann den restlichen Wein dazugießen. Eine Limette auspressen, den Saft ebenfalls dazugeben, alles vorsichtig verrühren und die Form in den Tiefkühlschrank stellen. Die Flüssigkeit gefrieren lassen. Zwischendurch mit einer Gabel die zuerst gefrierenden Randschichten sowie die Oberfläche immer wieder lösen und unterrühren. Je öfter dieser Vorgang wiederholt wird, desto feinkörniger wird das Granité. Die letzte Limette heiß abwaschen und in hauchdünne Scheiben schneiden. Das Granité in vorgekühlte Gläser füllen und mit den Limettenscheiben garnieren.

49 Flambierte Früchtespieße

Zutaten:

1 kleiner Apfel
2 EL Zitronensaft
150 g kleine Erdbeeren
125 g blaue Weintrauben
1 Kiwi
1 Orange
2 EL Butter
3 EL brauner Zucker
2 EL Orangenlikör
(z.B. Grand Marnier)
1 EL weißer Rum

Zubereitung:

Den Apfel schälen, vierteln, entkernen und quer in dicke Scheiben schneiden. Diese sofort in dem Zitronensaft wenden. Die Erdbeeren und die Weintrauben waschen und putzen und die Weintrauben von den Stielen zupfen. Die Kiwi schälen, in dicke Scheiben schneiden und diese halbieren. Die Früchte abwechselnd auf lange Holzspieße stecken und diese nebeneinander auf eine flache Platte legen. Für die Sauce die Orange heiß abwaschen und abtrocknen. Die Schale fein abreiben und den Saft auspressen. Orangenschale, Orangensaft, Butter und Zucker zusammen in eine kleine Pfanne geben. Alles unter Rühren erwärmen, bis die Butter und der Zucker geschmolzen sind. Den Orangenlikör und den Rum dazugeben und alles kurz erwärmen. Die Sauce über die Früchtespieße gießen und das Dessert sofort auftragen.

Zum Flambieren am Tisch die Sauce mit einem möglichst langen Streichholz anzünden.

Du Früchtchen, Du …

Früchtchen

Früchtchen

Früchtchen

Früchtchen

Früchtchen

50 Feigen auf Zitronenjoghurt

Zutaten:

½ unbehandelte Zitrone
250 g Vollmilchjoghurt
1 Päckchen Vanillezucker
2 EL Apfeldicksaft
2–3 frische Feigen
Zitronenmelisse zum Garnieren

Zubereitung:

Die Zitrone heiß abwaschen, abtrocknen und halbieren. Die Schale der Zitronenhälfte fein abreiben, den Saft auspressen und beides zusammen mit Joghurt, Vanillezucker und Apfeldicksaft verquirlen. Den Zitronenjoghurt bis zum Servieren zugedeckt in den Kühlschrank stellen. Die Feigen vorsichtig waschen oder mit einem feuchten Tuch abreiben. Sie dann jeweils der Länge nach halbieren und jede Hälfte in 3 oder 4 Spalten schneiden. Den Zitronenjoghurt durchrühren und auf kleine Teller verteilen.

Die Feigenspalten auf dem Dessert arrangieren und alles mit der gewaschenen Zitronenmelisse garnieren.

51 Himbeeren mit Mandelüberzug

Zutaten:

2 frische Eier
2 EL Puderzucker
5 EL gemahlene Mandeln
2 EL süße Sahne
2 TL Butter für die Form
100 g frische Himbeeren
Puderzucker zum Bestäuben

Zubereitung:

Den Ofen auf 180°C vorheizen.
Die Eier trennen. Die Eigelbe zusammen mit dem Puderzucker zu einer Crème schlagen. Die Mandeln und die Sahne darunterrühren. Die Eiweiße steif schlagen und vorsichtig unterheben. Eine feuerfeste Form mit der Butter ausstreichen. Die Hälfte der Mandelmasse hineingeben, die Himbeeren darauf verteilen und die restliche Mandelmasse darübergeben.

Das Dessert im Ofen 10 bis 15 Minuten backen, dann mit Puderzucker bestäuben und warm servieren.

Erdbeern, Erdbeern, die noch selten standen, vorn im Jahr, mühsam noch zu finden, brach ich einzeln, einzeln, wieder einzeln, bis ich eine kleine Summe hatte... Und der Liebste nahm in seine Hand sie, in die schöne Hand und dankte flüchtig, führte alles drauf zu seinem Munde, zu dem schönen Munde, schnell genießend... Mancherlei Gedanken, Lieb´ und Leiden abgezählet, waren bald verschwunden: Lieb´ und Leiden aber nachgeblieben! Aber Lieb´ und Leiden riefen beide:
Oh wie süß, im Liebsten zu verschwinden!...

Karl Thorbecke

Danke: Frieder, Inge, Heiko, Andrea, Ute, Hannes, Lydia, Maren, Heike, Marion, Rainer, Detlef, Antje, Christina, Constanze, Jens, Bodo, Jochen.

Bildnachweis:
S. 71: © Jochen Nies, LICHTBILD, Köln

Quellenhinweise:
S. 7: Hans Magnus Enzensberger, aus: Gedichte 1950–1995
© Suhrkamp Verlag Frankfurt am Main 1986
„Mund“

S. 11: Gaby Hauptmann, Suche impotenten Mann für's Leben,
© Piper Verlag GmbH, München 1995

S. 15: Christoph Meckel, Souterrain. Gedichte.
© 1984 Carl Hanser Verlag München Wien

S. 16: Carl Zuckmayer, DAS ESSEN (Auszug). In: ders., Gedichte.
© S. Fischer Verlag GmbH, Frankfurt am Main 1977

S. 21: Max Frisch, aus: Homo Faber.
© Suhrkamp Verlag Frankfurt am Main 1957
S. 22

S. 32: Carl Zuckmayer, DAS ESSEN (Auszug). In: ders., Gedichte.
© S. Fischer Verlag, Frankfurt am Main 1977

S. 35: Christoph Meckel, Souterrain. Gedichte.
© 1984 Carl Hanser Verlag München Wien

S. 44: Carl Zuckmayer, DAS ESSEN (Auszug). In: ders., Gedichte.
© S. Fischer Verlag, Frankfurt am Main 1977

S. 51: Ralf Rothmann, aus: Kratzer und andere Gedichte.
© Suhrkamp Verlag Frankfurt am Main 1987
S. 51, 55

S. 55: Ralf Rothmann, aus: Kratzer und andere Gedichte.
© Suhrkamp Verlag Frankfurt am Main 1987
S. 51, 55

S. 56/57: Aus: Sandra Cisneros, Liebesgedichte. Verrückt nach Dir.
Alle Rechte an der deutschsprachigen Ausgabe 1993
beim Wilhelm Goldmann Verlag GmbH, München

S. 62: Gertrud Kolmar, Verwandlungen, aus: Das lyrische Werk,
Verlag Lambert Schneider, Heidelberg 1955

Autorin

Kathrin Otterbach lebt in Münster
und ist dort als freiberufliche Diplom-
Designerin tätig.
Das vorliegende Buch ist ihre erste
Buchveröffentlichung und beruht
auf der Diplomarbeit ihres Studiums
der Visuellen Kommunikation,
das sie im Sommer 1996 an der
Fachhochschule in Aachen erfolgreich
abgeschlossen hat.
Nach einer Fotografenausbildung
und einem Jahr Berufstätigkeit
studierte sie bei Prof. Dieter Rehder
und Prof. Doris Casse-Schlüter
mit den Schwerpunkten Fotografie,
Typografie und Layout.

Eine ideale Kombination, die es ihr
ermöglichte, die eigene Buch-Idee
in Gestaltung, Fotografie und Her-
stellung zu realisieren.

Dieses Buch gehört zu einer Kochbuchreihe, die die beliebtesten Themen aus dem Bereich Essen und Trinken aufgreift. Sie erhalten die Titel überall dort, wo es Bücher gibt.

Dieses Buch wurde auf chlorfrei gebleichtem und säurefreiem Papier gedruckt.

ISBN 3 8068 7303 8

Gesamtgestaltung: Kathrin Otterbach, Münster
Lektorat: Sabine Kieslich, Mainz
Redaktion: Barbara Fleig
Herstellung: Kathrin Otterbach, Münster
Fotos: Kathrin Otterbach, Münster
Satz: Kathrin Otterbach, Münster
Druck: Appl, Wemding

817 2635 4453